AF188540

Impressum
Verlag: BABADADA GmbH, Nedderfeld 112 , 22529 Hamburg
Geschäftsführer / Verlagsleitung: Harald Hof
Druck: Books on Demand GmbH, In de Tarpen 42, 22848 Norderstedt

Imprint
Publisher: BABADADA GmbH, Nedderfeld 112 , 22529 Hamburg, Germany
Managing Director / Publishing direction: Harald Hof
Print: Books on Demand GmbH, In de Tarpen 42, 22848 Norderstedt

école

koulu

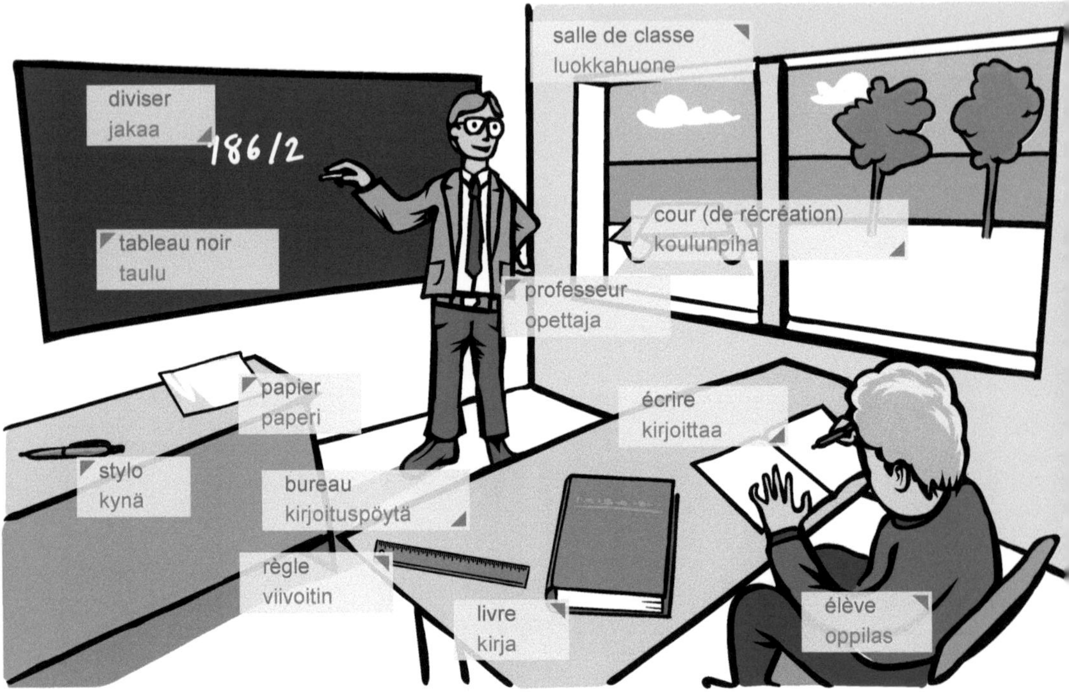

salle de classe
luokkahuone
diviser
jakaa
186/2
cour (de récréation)
koulunpiha
tableau noir
taulu
professeur
opettaja
papier
paperi
écrire
kirjoittaa
stylo
kynä
bureau
kirjoituspöytä
règle
viivoitin
livre
kirja
élève
oppilas

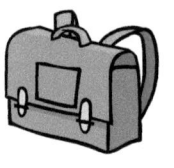

cartable
reppu

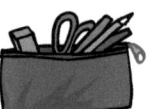

trousse
penaali

crayon
lyijykynä

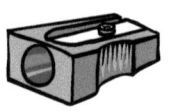

taille-crayon
kynänteroitin

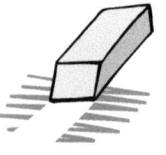

gomme
pyyhekumi

carnet à dessin
piirustuslehtiö

dessin

piirustus

pinceau

pensseli

boîte de peinture

vesivärit

ciseaux

sakset

colle

liima

cahier d'exercices

harjoituskirja

devoirs

kotitehtävä

chiffre

luku

additionner

lisätä

soustraire

vähentää

multiplier

kertoa

calculer

laskea

lettre

kirjain

alphabet

aakkoset

mot

sana

texte
teksti

lire
lukea

craie
liitu

leçon
oppitunti

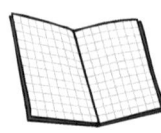

livre de classe
opettajan muistikirja

examen
koe

certificat
todistus

uniforme scolaire
koulupuku

formation
koulutus

lexique
sanakirja

université
yliopisto

microscope
mikroskooppi

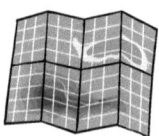

carte
kartta

corbeille à papier
roskakori

hôtel
hotelli

Grand

auberge
retkeilymaja

ROOMS

bureau de change
rahanvaihto

ECHANGE

valise
matkalaukku

voiture
auto

langue
kieli

oui / non
kyllä / ei

d'accord
selvä

Salut
hei

interprète
tulkki

merci
kiitos

Combien coûte...?

Paljonko...maksaa?

Je ne comprends pas

en ymmärrä

problème

ongelma

Bonsoir !

Hyvää iltaa!

Bonjour !

Hyvää huomenta!

Bonne nuit !

Hyvää yötä!

Au revoir

näkemiin

direction

suunta

bagages

matkatavarat

sac

laukku

sac-à-dos

reppu

hôte

vieras

pièce

huone

sac de couchage

makuupussi

tente

teltta

office de tourisme
turisti-info

plage
ranta

carte de crédit
luottokortti

petit-déjeuner
aamupala

déjeuner
lounas

dîner
päivällinen

billet
matkalippu

ascenseur
hissi

timbre
postimerkki

frontière
raja

douane
tulli

ambassade
suurlähetystö

visa
viisumi

passeport
passi

transport
kuljetus

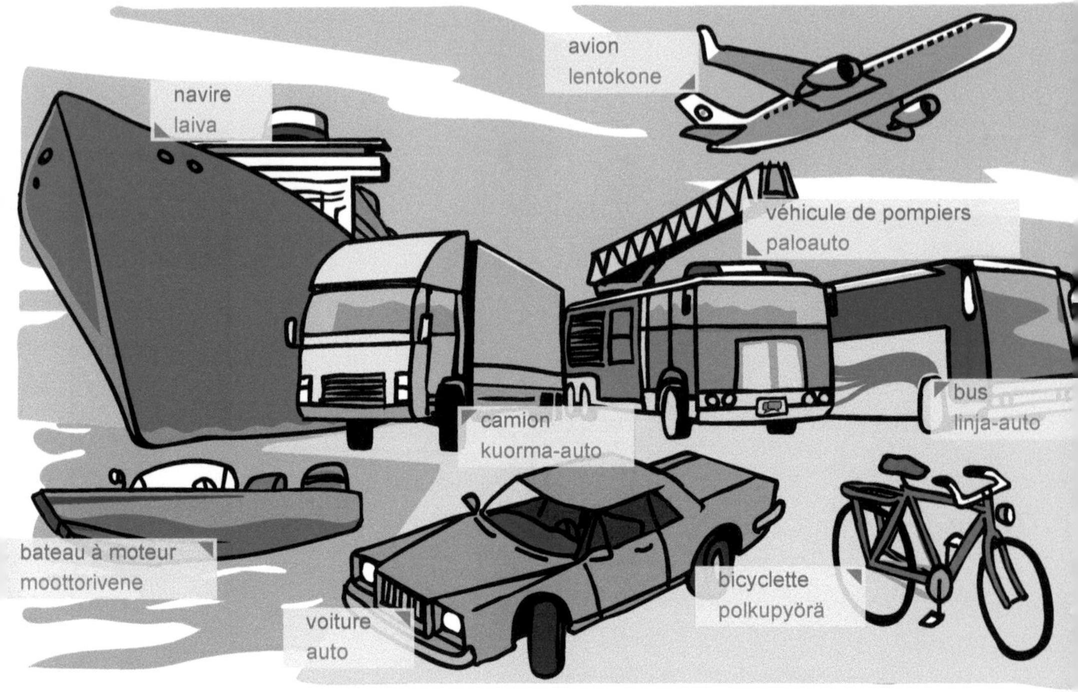
avion
lentokone
navire
laiva
véhicule de pompiers
paloauto
bus
linja-auto
camion
kuorma-auto
bateau à moteur
moottorivene
bicyclette
polkupyörä
voiture
auto

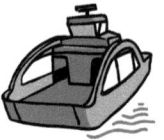

ferry

lautta

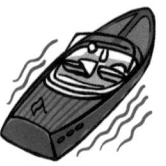

barque

vene

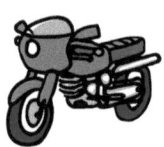

moto

moottoripyörä

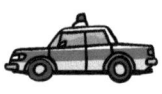

voiture de police

poliisiauto

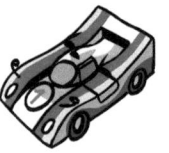

voiture de course

kilpa-auto

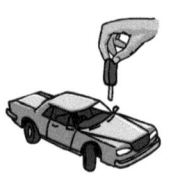

voiture de location

vuokra-auto

auto-partage

car sharing

voiture de remorquage

hinausauto

benne à ordures

roska-auto

moteur

moottori

essence

polttoaine

station d'essence

huoltoasema

panneau indicateur

liikennemerkki

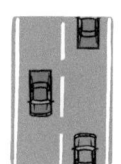

trafic

liikenne

embouteillage

ruuhka

parking

parkkipaikka

gare

rautatieasema

rails

raiteet

train

juna

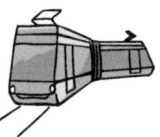

tramway

raitiovaunu

wagon

vaunu

hélicoptère

helikopteri

aéroport

lentokenttä

tour

lähilennonjohto

passager

matkustaja

conteneur

kontti

carton

pahvilaatikko

chariot

kärryt

corbeille

kori

décoller / atterrir

nousta / laskea

ville

kaupunki

village

kylä

centre-ville

keskusta

maison

talo

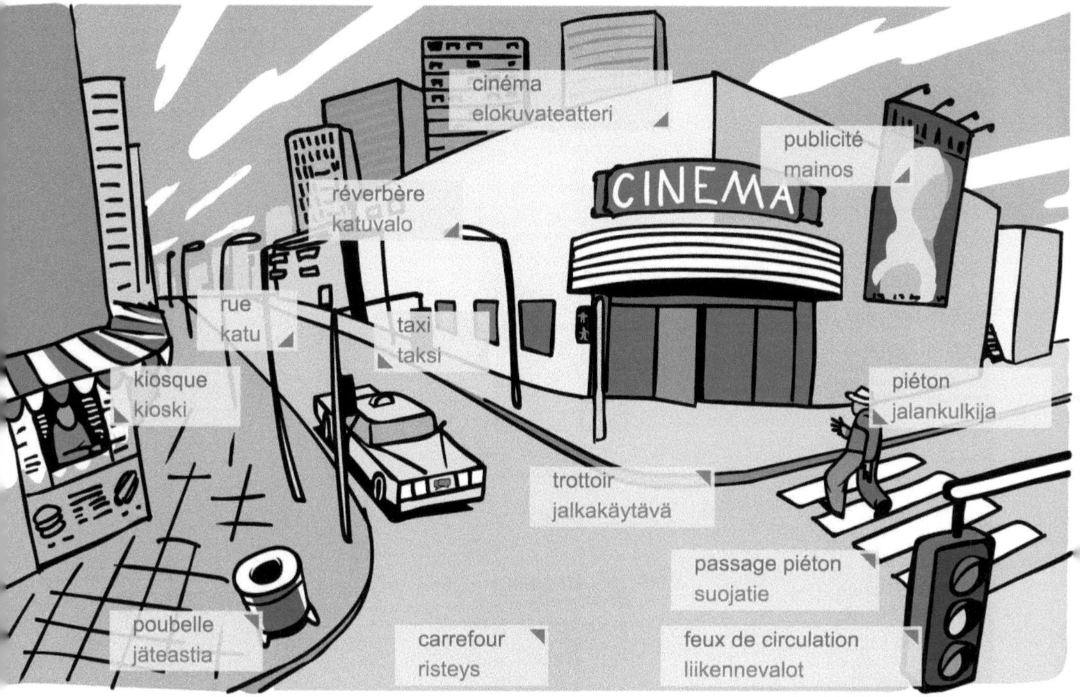

cinéma
elokuvateatteri

publicité
mainos

réverbère
katuvalo

CINEMA

rue
katu

taxi
taksi

kiosque
kioski

piéton
jalankulkija

trottoir
jalkakäytävä

passage piéton
suojatie

poubelle
jäteastia

carrefour
risteys

feux de circulation
liikennevalot

cabane
....
mökki

appartement
....
kerrostalo

gare
....
rautatieasema

mairie
....
kaupungintalo

musée
....
museo

école
....
koulu

université
yliopisto

banque
pankki

hôpital
sairaala

hôtel
hotelli

pharmacie
apteekki

bureau
toimisto

librairie
kirjakauppa

magasin
liike

fleuriste
kukkakauppa

supermarché
supermarketti

marché
tori

grand magasin
tavaratalo

poissonnerie
kalakauppias

centre commercial
ostoskeskus

port
satama

parc

puisto

banque

penkki

pont

silta

escaliers

portaat

métro

metro

tunnel

tunneli

arrêt de bus

linja-autopysäkki

bar

baari

restaurant

ravintola

boîte à lettres

postilaatikko

panneau indicateur

katukyltti

parcmètre

parkkimittari

zoo

eläintarha

piscine

uimala

mosquée

moskeija

ferme

maatila

pollution

ympäristön saastuminen

cimetière

hautausmaa

église

kirkko

aire de jeux

leikkikenttä

temple

temppeli

paysage
maisema

feuille
lehti

panneau indicateur
tienviitta

chemin
tie

pré
niitty

pierre
kivi

randonneur
retkeilijä

arbre
puu

rivière
joki

herbe
ruoho

fleur
kukka

vallée

laakso

montagne

vuori

lac

järvi

forêt

metsä

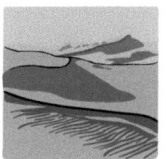

désert

aavikko

volcan

tulivuori

château

linna

arc-en-ciel

sateenkaari

champignon

sieni

palmier

palmu

moustique

hyttynen

mouche

kärpänen

fourmis

muurahainen

abeille

mehiläinen

araignée

hämähäkki

coléoptère

kovakuoriainen

grenouille

sammakko

écureuil

orava

hérisson

siili

lièvre

jänis

chouette

pöllö

oiseau

lintu

cygne

joutsen

sanglier

villisika

cerf

peura

élan

hirvi

barrage

pato

éolienne

tuulimylly

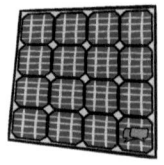

panneau solaire

aurinkopaneeli

climat

ilmasto

restaurant
ravintola

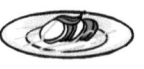

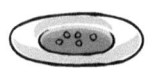

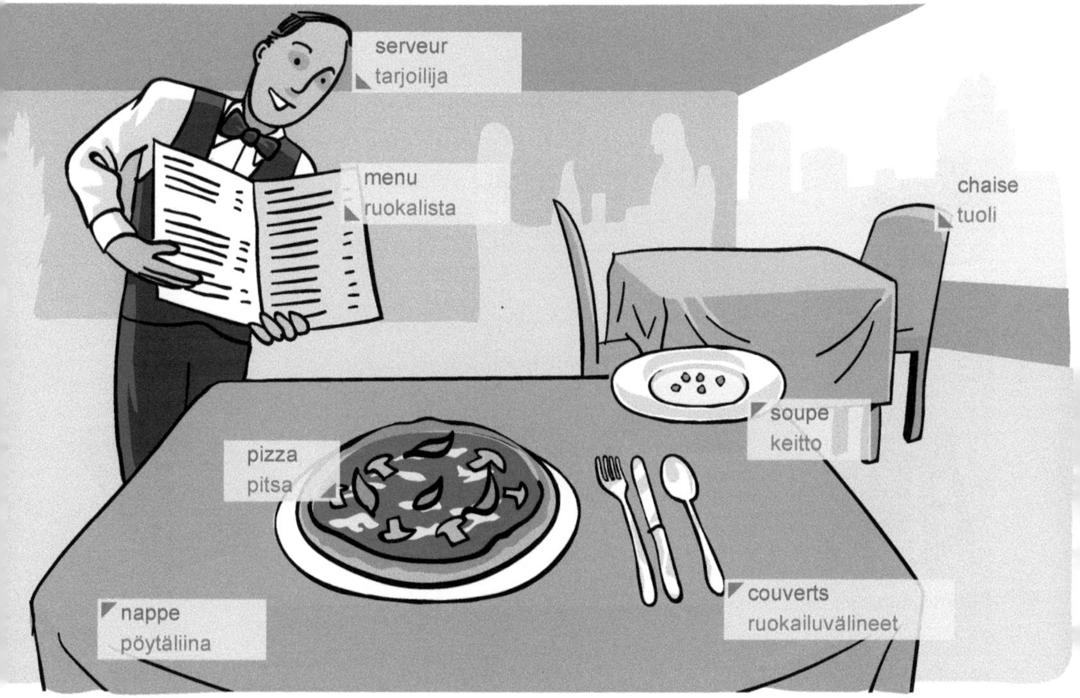
serveur
tarjoilija
menu
ruokalista
chaise
tuoli
soupe
keitto
pizza
pitsa
couverts
ruokailuvälineet
nappe
pöytäliina

hors d'œuvre

alkuruoka

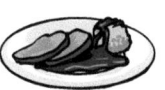

plat principal

pääruoka

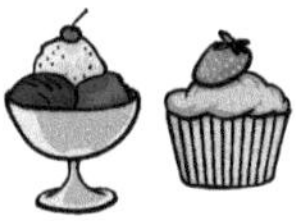

dessert

jälkiruoka

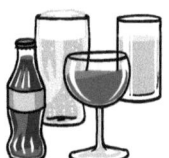

boissons

juomat

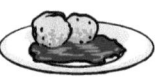

alimentation

ruoka

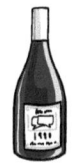

bouteille

pullo

fast-food

pikaruoka

plats à emporter

katuruoka

théière

teekannu

sucrier

sokeriastia

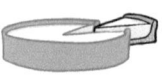

portion

annos

machine à expresso

espressokeitin

chaise haute

syöttötuoli

facture

lasku

plateau

tarjotin

couteau

veitsi

fourchette

haarukka

cuillère

lusikka

cuillère à thé

teelusikka

serviette

servietti

verre

lasi

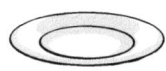

assiette

lautanen

assiette à soupe

syvä lautanen

soucoupe

aluslautanen

sauce

kastike

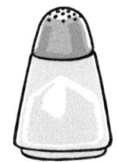

salière

suolasirotin

moulin à poivre

pippurimylly

vinaigre

etikka

huile

öljy

épices

mausteet

ketchup

ketsuppi

moutarde

sinappi

mayonnaise

majoneesi

supermarché
supermarketti

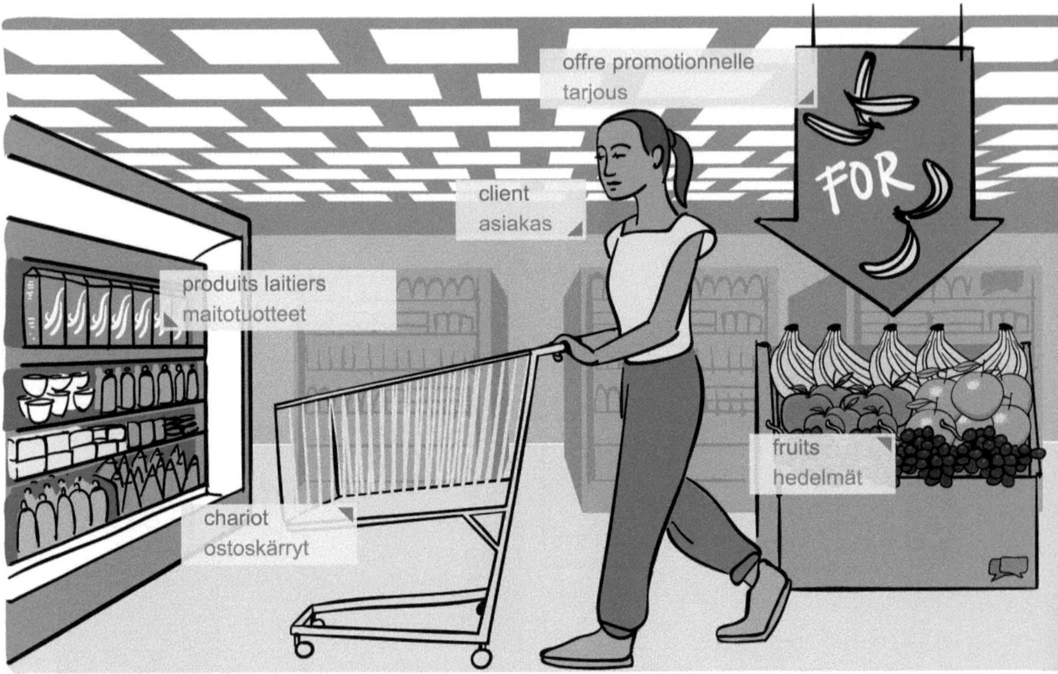

offre promotionnelle
tarjous
FOR
client
asiakas
produits laitiers
maitotuotteet
fruits
hedelmät
chariot
ostoskärryt

BUTCHERS

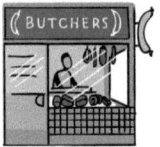

boucherie

teurastamo

BAKERY

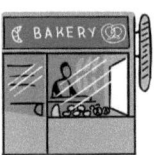

boulangerie

leipomo

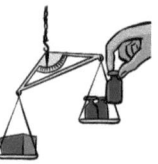

peser

punnita

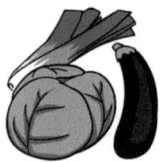

légumes

kasvikset

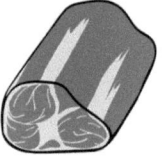

viande

liha

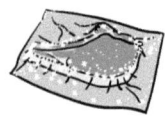

aliments surgelés

pakasteet

charcuterie

leikkele

conserves

säilykkeet

poudre à lessive

pesujauhe

bonbons

makeiset

articles ménagers

kotitaloustarvikkeet

détergents

puhdistusaineet

vendeuse

myyjä

caisse

kassa

caissier

kassanhoitaja

liste d'achats

ostoslista

heures d'ouverture

aukioloajat

portefeuille

lompakko

carte de crédit

luottokortti

sac

kassi

sac en plastique

muovipussi

supermarché - supermarketti

boissons

juomat

eau

vesi

jus de fruit

mehu

lait

maito

coca

kokis

vin

viini

bière

olut

alcool

alkoholi

chocolat chaud

kaakao

thé

tee

café

kahvi

expresso

espresso

cappuccino

cappuccino

banane

banaani

pomme

omena

orange

appelsiini

melon

meloni

citron

sitruuna

carotte

porkkana

ail

valkosipuli

bambou

bambu

oignon

sipuli

champignon

sieni

noisettes

pähkinät

pâtes

spagetti

spaghetti

spagetti

riz

riisi

salade

salaatti

pommes frites

ranskalaiset

pommes de terre rôties

paistetut perunat

pizza

pitsa

hamburger

hampurilainen

sandwich

voileipä

escalope

leike

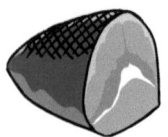

jambon

kinkku

salami

salami

saucisse

makkara

poulet

kana

rôti

paisti

poisson

kala

flocons d'avoine

kaurahiutaleet

muesli

mysli

cornflakes

murot

farine

jauho

croissant

voisarvi

petits-pains

sämpylä

pain

leipä

pain grillé

paahtoleipä

biscuits

keksit

beurre

voi

le fromage blanc

rahka

gâteau

kakku

œuf

kananmuna

œuf au plat

paistettu kananmuna

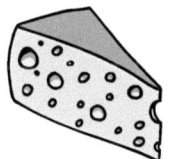

fromage

juusto

glace

jäätelö

sucre

sokeri

miel

hunaja

confiture

hillo

crème nougat

suklaapähkinälevite

curry

curry

ferme
maatila

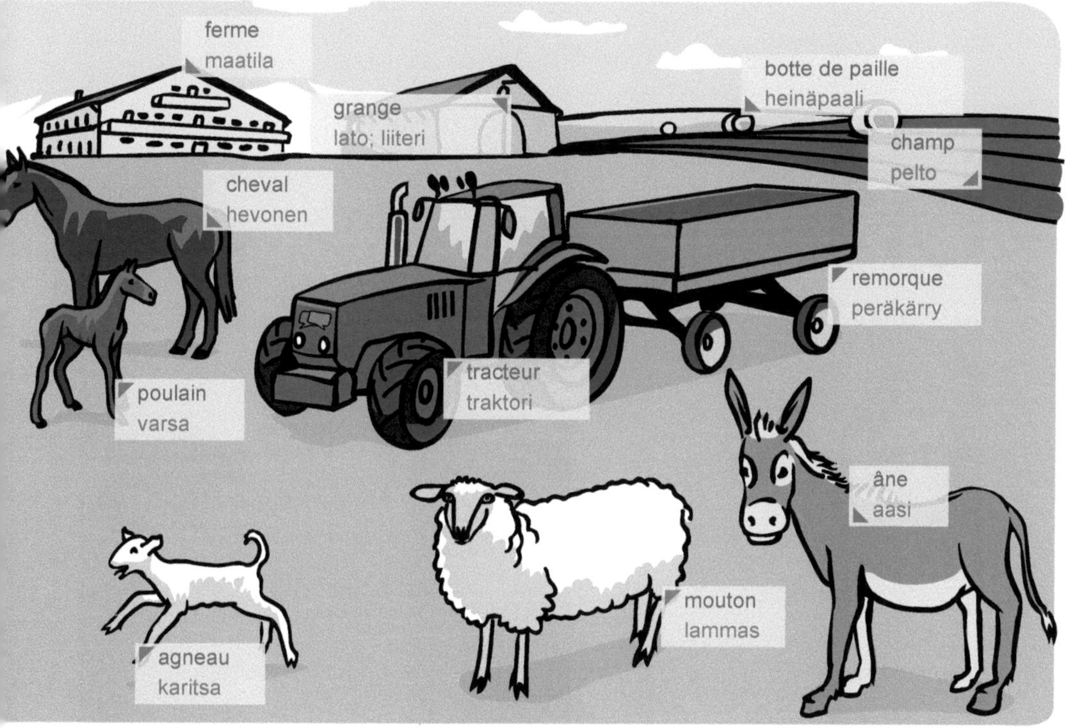
ferme
maatila
grange
lato; liiteri
botte de paille
heinäpaali
champ
pelto
cheval
hevonen
remorque
peräkärry
tracteur
traktori
poulain
varsa
âne
aasi
mouton
lammas
agneau
karitsa

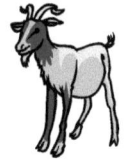

chèvre

vuohi

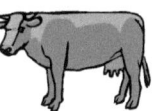

vache

lehmä

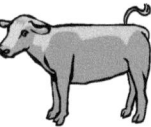

veau

vasikka

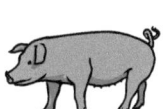

porc

sika

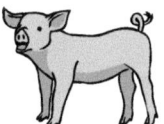

porcelet

porsas

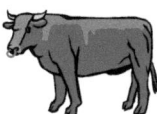

taureau

sonni

oie

hanhi

canard

ankka

poussin

tipu

poule

kana

coq

kukko

rat

rotta

chat

kissa

souris

hiiri

bœuf

härkä

chien

koira

chenil

koirankoppi

tuyau de jardin

puutarhaletku

arrosoir

kastelukannu

faucheuse

viikate

charrue

aura

faucille
sirppi

pioche
kuokka

fourche
talikko

hache
kirves

brouette
kottikärryt

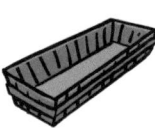

cuve
kaukalo

pot à lait
maitokannu

sac
säkki

clôture
aita

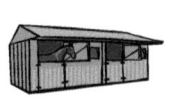

étable
talli

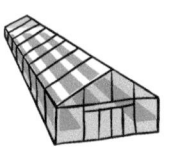

serre
kasvihuone

sol
maa

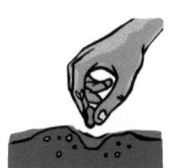

semences
siemen

engrais
lannoite

moissonneuse-batteuse
leikkuupuimuri

récolter

kerätä sato

récolte

sato

igname

jamssit

blé

vehnä

soja

soija

pomme de terre

peruna

maïs

maissi

colza

rypsi

arbre fruitier

hedelmäpuu

manioc

maniokki

céréales

vilja

maison

talo

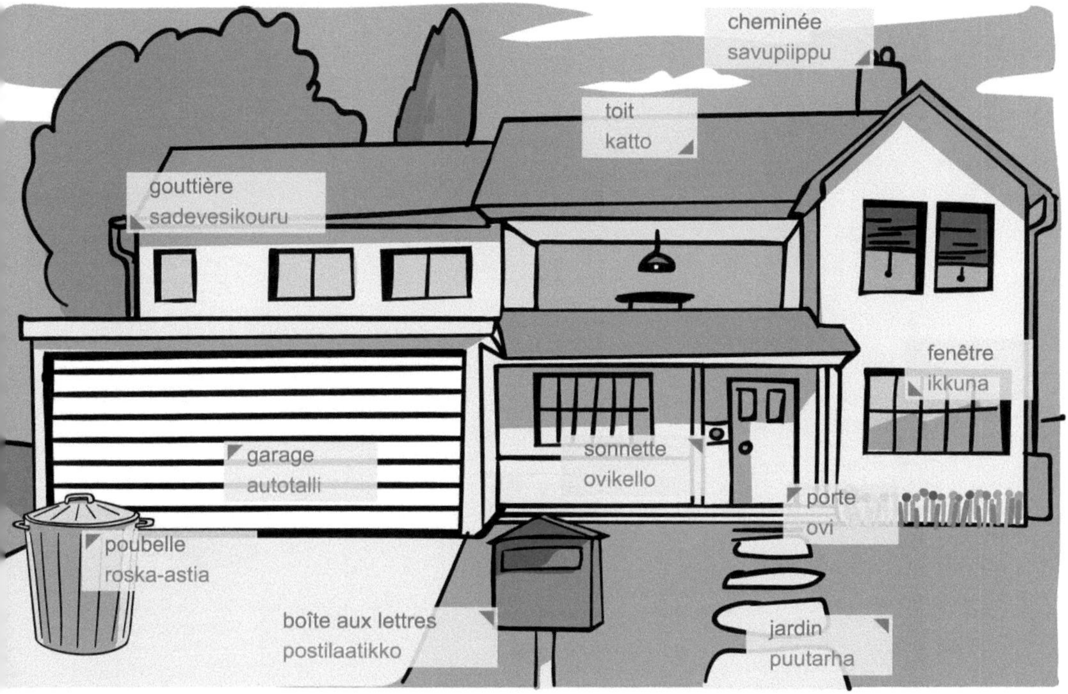
cheminée
savupiippu
toit
katto
gouttière
sadevesikouru
fenêtre
ikkuna
garage
autotalli
sonnette
ovikello
porte
ovi
poubelle
roska-astia
boîte aux lettres
postilaatikko
jardin
puutarha

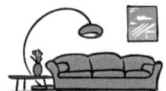

salon
....
olohuone

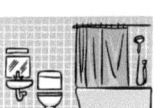

salle de bain
....
kylpyhuone

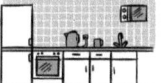

cuisine
....
keittiö

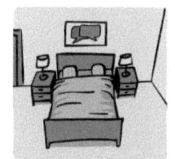

chambre à coucher
....
makuuhuone

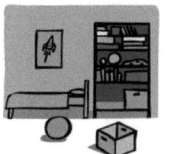

chambre d'enfant
....
lastenhuone

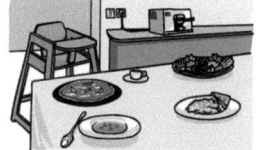

salle à manger
....
ruokahuone

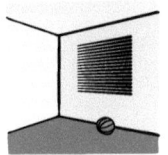

sol
lattia

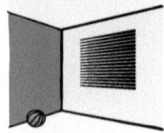

mur
seinä

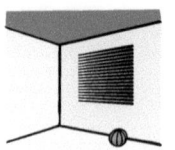

plafond
katto

cave
kellari

sauna
sauna

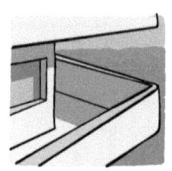

balcon
parveke

terrasse
terassi

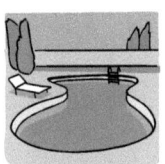

piscine
uima-allas

tondeuse à gazon
ruohonleikkuri

housse
lakana

couette
päiväpeitto

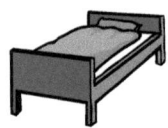

lit
sänky

balai
harja

sceau
ämpäri

interrupteur
katkaisin

salon
olohuone

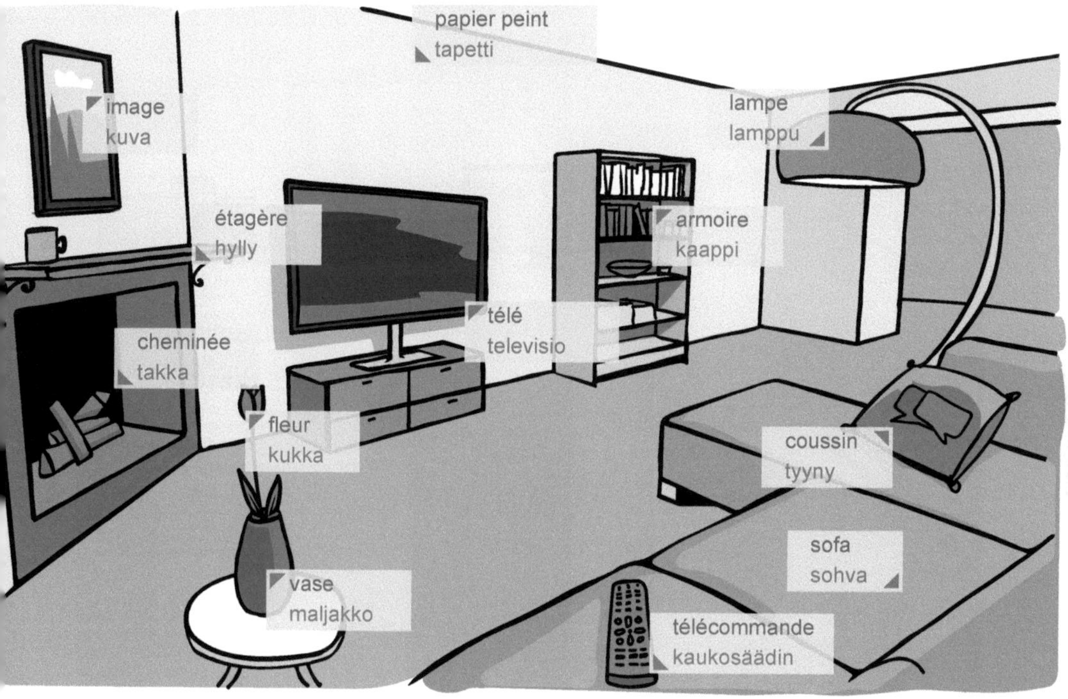

papier peint
tapetti
image
kuva
lampe
lamppu
étagère
hylly
armoire
kaappi
télé
televisio
cheminée
takka
fleur
kukka
coussin
tyyny
sofa
sohva
vase
maljakko
télécommande
kaukosäädin

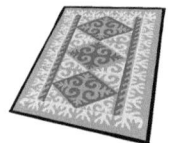

tapis

matto

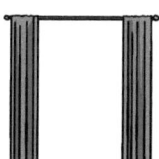

rideau

verho

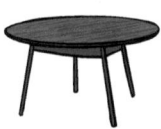

table

pöytä

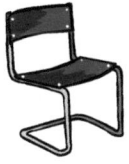

chaise

tuoli

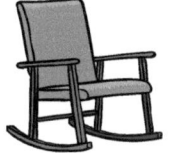

chaise à bascule

keinutuoli

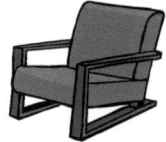

fauteuil

nojatuoli

livre
kirja

couverture
peitto

décoration
koriste

bois de chauffage
polttopuut

film
elokuva

chaîne hi-fi
stereot

clé
avain

journal
sanomalehti

peinture
maalaus

poster
juliste

radio
radio

bloc-notes
muistivihko

aspirateur
pölynimuri

cactus
kaktus

bougie
kynttilä

réfrigérateur
jääkaappi

four à micro-ondes
mikroaaltouuni

balance de cuisine
keittiövaaka

grille-pain
leivänpaahdin

détergent
pesuaine

four
leivinuuni

compartiment congélateur
pakastinlokero

poubelle
roska-astia

lave-vaisselle
astianpesukone

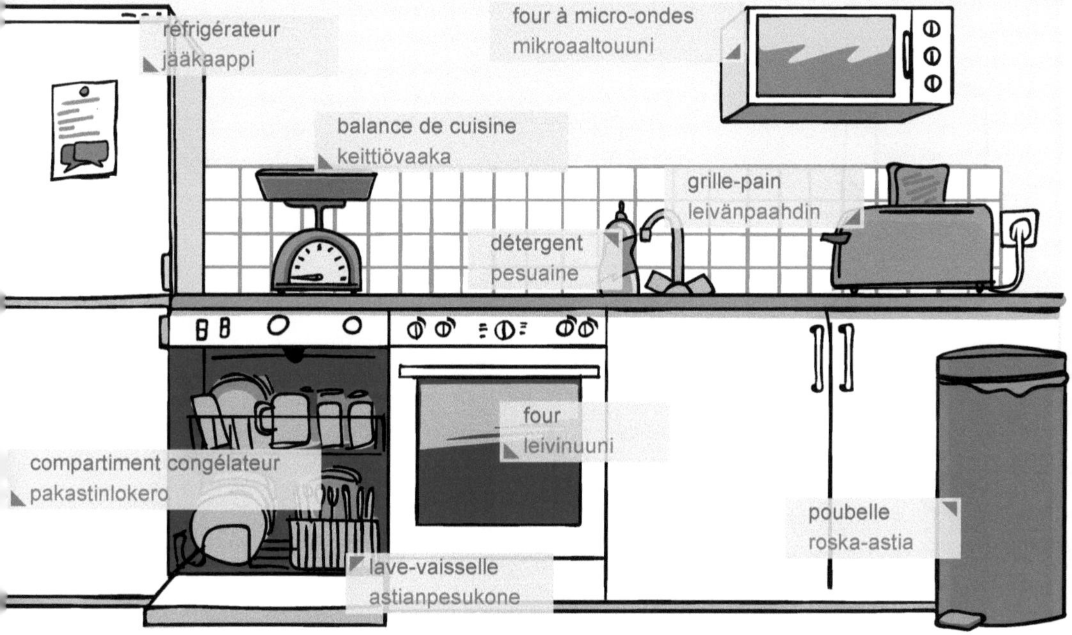

four
....
liesi

casserole
....
kattila

marmite
....
rautapata

wok / kadai
....
vokkipannu / kadai-pannu

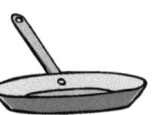

poêle
....
paistinpannu

bouilloire electrique
....
teepannu

cuiseur vapeur

höyrykeitin

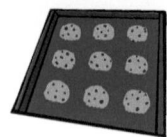

plaque de cuisson

uunipelti

vaisselle

astiat

gobelet

muki

coupe

kulho

baguettes

syömäpuikot

louche

kauha

spatule

paistinlasta

fouet

vispilä

passoire

siivilä

tamis

siivilä

râpe

raastin

mortier

mortteli

barbecue

grilli

cheminée

avotuli

planche à découper

leikkuulauta

rouleau à pâtisserie

kaulin

tire-bouchon

korkinavaaja

boîte

purkki

ouvre-boîte

purkinavaaja

maniques

pannulappu

lavabo

lavuaari

brosse

tiskiharja

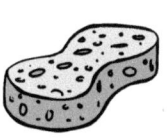

éponge

pesusieni

mixeur

tehosekoitin

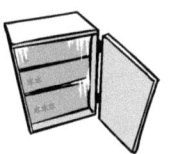

congélateur

pakastin

biberon

tuttipullo

robinet

vesihana

salle de bain
kylpyhuone

douche
suihku
chauffage
lämmitys
serviette
pyyhe
rideau de douche
suihkuverho
bain moussant
vaahtokylpy
baignoire
kylpyamme
verre
lasi
machine à laver
pesukone
robinet
vesihana
carrelage
kaakelit
pot
potta
lavabo
lavuaari

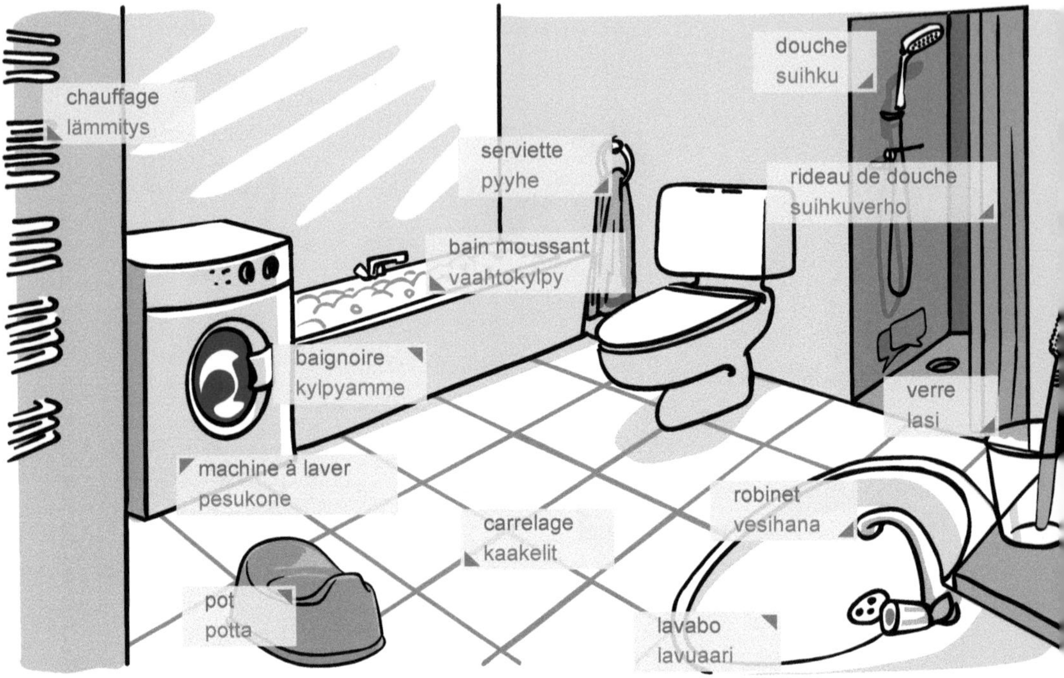

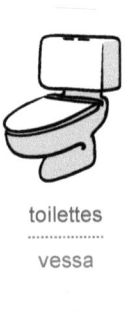

toilettes

vessa

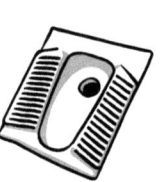

toilette à la turque

kyykkyvessa

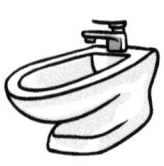

bidet

bidee

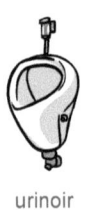

urinoir

pisuaari

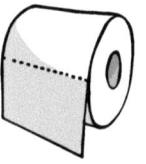

papier toilette

vessapaperi

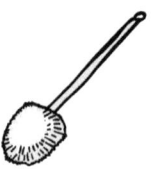

brosse à toilette

vessaharja

brosse à dents

hammasharja

dentifrice

hammastahna

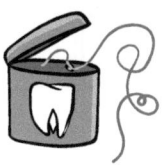

fil dentaire

hammaslanka

laver

pestä

douche manuelle

käsisuihku

douche intime

intiimisuihku

vasque

pesuvati

brosse dorsale

selkäharja

savon

saippua

gel douche

suihkugeeli

shampooing

shampoo

gant de toilette

pesulappu

écoulement

viemäri

crème

voide

déodorant

deodorantti

miroir

peili

miroir cosmétique

käsipeili

rasoir

partaveitsi

mousse à raser

partavaahto

après-rasage

partavesi

peigne

kampa

brosse

harja

sèche-cheveux

hiustenkuivaaja

laque pour cheveux

hiuslakka

fond de teint

meikki

rouge à lèvres

huulipuna

vernis à ongles

kynsilakka

ouate

pumpuli

coupe-ongles

kynsisakset

parfum

hajuvesi

trousse de toilette

kosmetiikkalaukku

tabouret

jakkara

pèse-personne

vaaka

peignoir

kylpytakki

gants de nettoyage

kumihansikkaat

tampon

tamponi

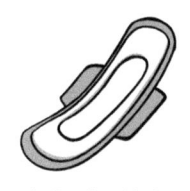

serviettes hygiéniques

terveysside

toilette chimique

kemiallinen wc

chambre d'enfant
lastenhuone

réveil
herätyskello
doudou
pehmolelu
voiture jouet
leikkiauto
hochet
helistin
maison de poupée
nukkekoti
cadeau
lahja

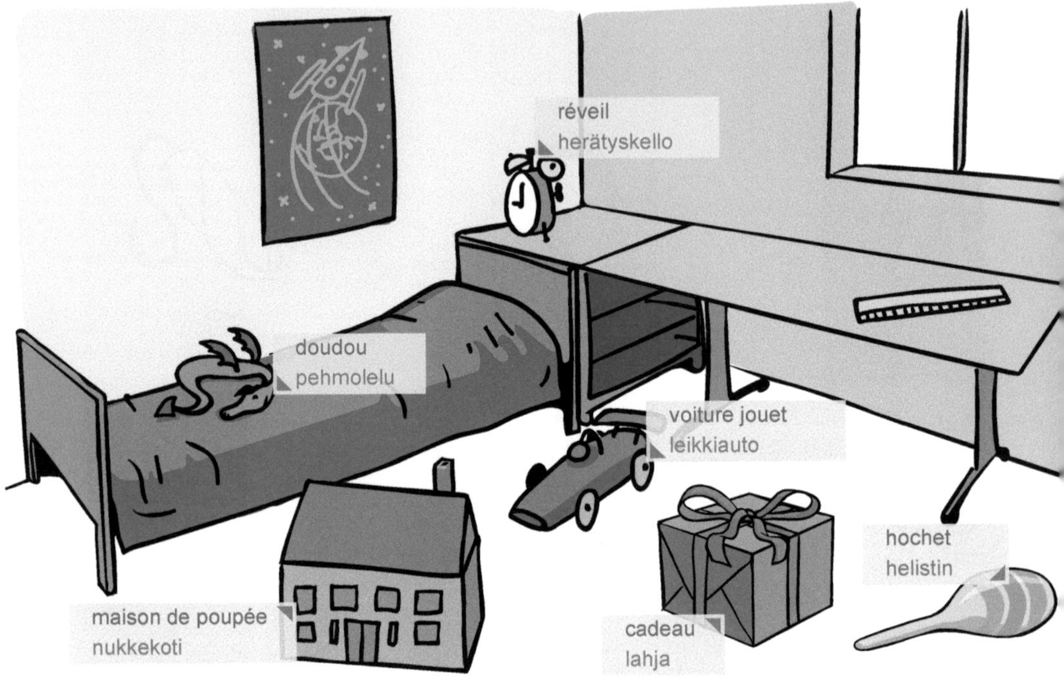

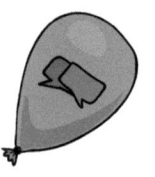

ballon

ilmapallo

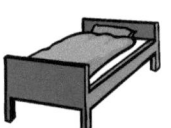

lit

sänky

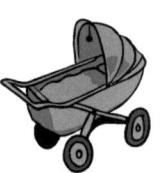

poussette

lastenvaunut

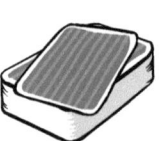

jeu de cartes

korttipeli

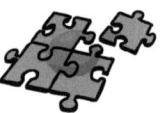

puzzle

palapeli

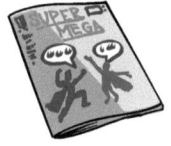

bande dessinée

sarjakuva

pièces lego

legopalikat

blocs de construction

rakennuspalikat

figurine

supersankari

grenouillère

potkupuku

frisbee

frisbee

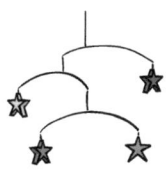

mobile

mobile

jeu de société

lautapeli

dé

noppa

train miniature

pienoisjunarata

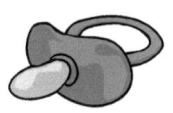

sucette

tutti

fête

juhlat

livre d'images

kuvakirja

balle

pallo

poupée

nukke

jouer

leikkiä

bac à sable

hiekkalaatikko

balançoire

keinu

jouets

lelut

console de jeu

pelikonsoli

tricycle

kolmipyörä

ours en peluche

nalle

armoire

vaatekaappi

vêtements

vaatteet

chaussettes

sukat

bas

nylonsukat

collant

sukkahousut

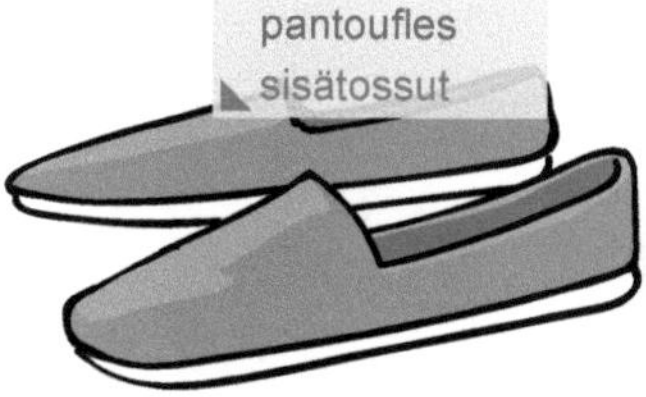

écharpe
kaulaliina

parapluie
sateenvarjo

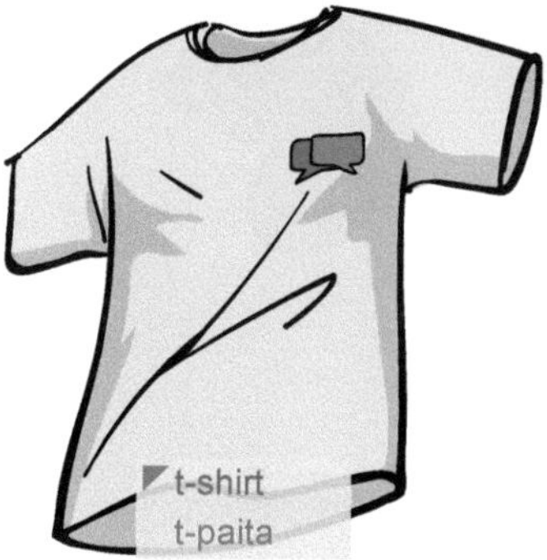

t-shirt
t-paita

ceinture
vyö

bottes
saappaat

pantoufles
sisätossut

baskets
lenkkarit

sandales
....
sandaalit

chaussures
....
kengät

bottes de caoutchouc
....
kumisaappaat

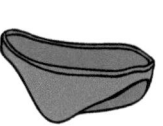

sous-vêtements
....
alushousut

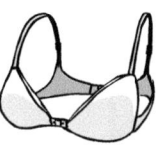

soutien-gorge
....
rintaliivit

maillot de corps
....
aluspaita

body

body

pantalon

housut

jean

farkut

jupe

hame

chemisier

pusero

chemise

paita

pull

villapaita

sweat à capuche

collegepaita

veste

jakku

veste

takki

manteau

takki

imperméable

sadetakki

costume

puku

robe

mekko

robe de mariée

hääpuku

costume
puku

chemise de nuit
yöpaita

pyjama
pyjama

sari
shari

foulard
päähuivi

turban
turbaani

burqa
burka

caftan
kaftaani

abaya
abaya

maillot de bain
uimapuku

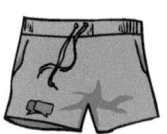

maillot de bain
uimahousut

short
shortsit

tenue d'entraînement
verkkarit

tablier
esiliina

gants
käsineet

bouton

nappi

lunettes

silmälasit

bracelet

rannekoru

collier

kaulakoru

bague

sormus

boucle d'oreille

korvakoru

bonnet

lippalakki

cintre

ripustin

chapeau

hattu

cravate

solmio

fermeture éclair

vetoketju

casque

kypärä

bretelles

henkselit

uniforme scolaire

koulupuku

uniforme

univormu

bavoir
ruokalappu

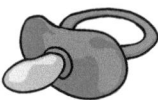

sucette
tutti

lange
vaippa

bureau
toimisto

serveur
palvelin

armoire d'archivage
asiakirjakaappi

imprimante
tulostin

écran
näyttö

papier
paperi

souris
hiiri

bureau
kirjoituspöytä

classeur
kansio

clavier
näppäimistö

corbeille à papier
roskakori

chaise
tuoli

ordinateur
tietokone

tasse de café
kahvimuki

calculatrice
taskulaskin

internet
internet

ordinateur portable

kannettava tietokone

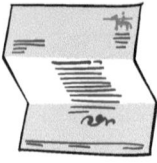

lettre

kirje

message

viesti

portable

kännykkä

réseau

verkko

photocopieuse

kopiokone

logiciel

ohjelmisto

téléphone

puhelin

prise

pistorasia

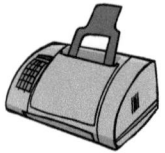

fax

faksi

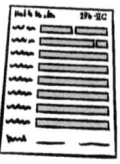

formulaire

lomake

document

asiakirja

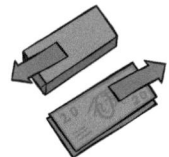

acheter
....
ostaa

payer
....
maksaa

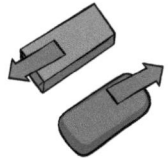

faire du commerce
....
vaihtaa

monnaie
....
raha

dollar
....
dollari

euro
....
euro

yen
....
jeni

rouble
....
rupla

franc suisse
....
frangi

renminbi yuan
....
renminbi juan

roupie
....
rupia

distributeur automatique
....
pankkiautomaatti

bureau de change

rahanvaihto

or

kulta

argent

hopea

pétrole

öljy

énergie

energia

prix

hinta

contrat

sopimus

taxe

vero

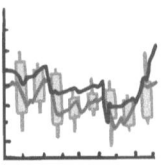

action

osake

travailler

työskennellä

employé

työntekijä

employeur

työnantaja

usine

tehdas

magasin

liike

économie - talous

professions
ammatit

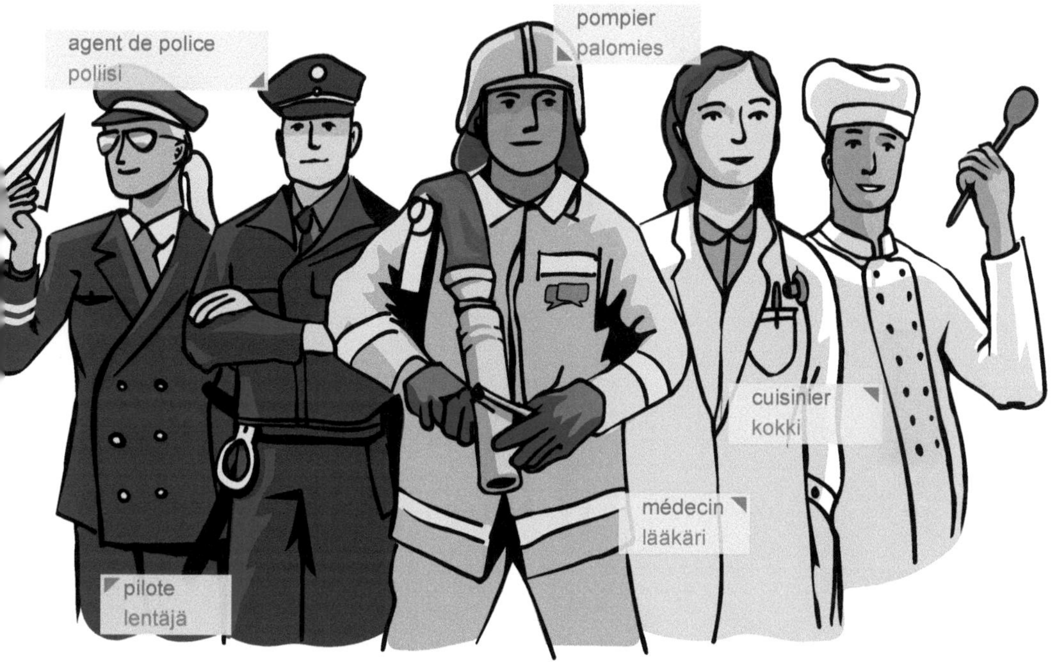

agent de police
poliisi
pompier
palomies
cuisinier
kokki
médecin
lääkäri
pilote
lentäjä

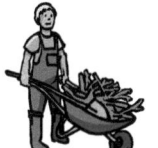

jardinier

puutarhuri

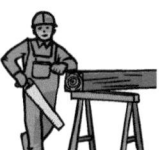

menuisier

puuseppä

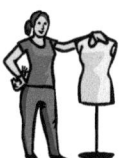

couturière

ompelija

juge

tuomari

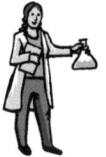

chimiste

kemisti

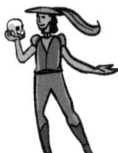

acteur

näyttelijä

conducteur de bus

linja-autonkuljettaja

chauffeur de taxi

taksinkuljettaja

pêcheur

kalastaja

femme de ménage

siivooja

couvreur

katontekijä

serveur

tarjoilija

chasseur

metsästäjä

peintre

maalari

boulanger

leipuri

électricien

sähköasentaja

ouvrier

rakentaja

ingénieur

insinööri

boucher

teurastaja

plombier

putkiasentaja

facteur

postinjakaja

soldat

sotilas

architecte

arkkitehti

caissier

kassanhoitaja

fleuriste

floristi

coiffeur

kampaaja

contrôleur

konduktööri

mécanicien

mekaanikko

capitaine

kapteeni

dentiste

hammaslääkäri

scientifique

tiedemies

rabbin

rabbi

imam

imaami

moine

munkki

prêtre

pappi

outils
työkalut

pinces
pihdit
marteau
vasara
tournevis
ruuvimeisseli
torche
taskulamppu
clé
jakoavain

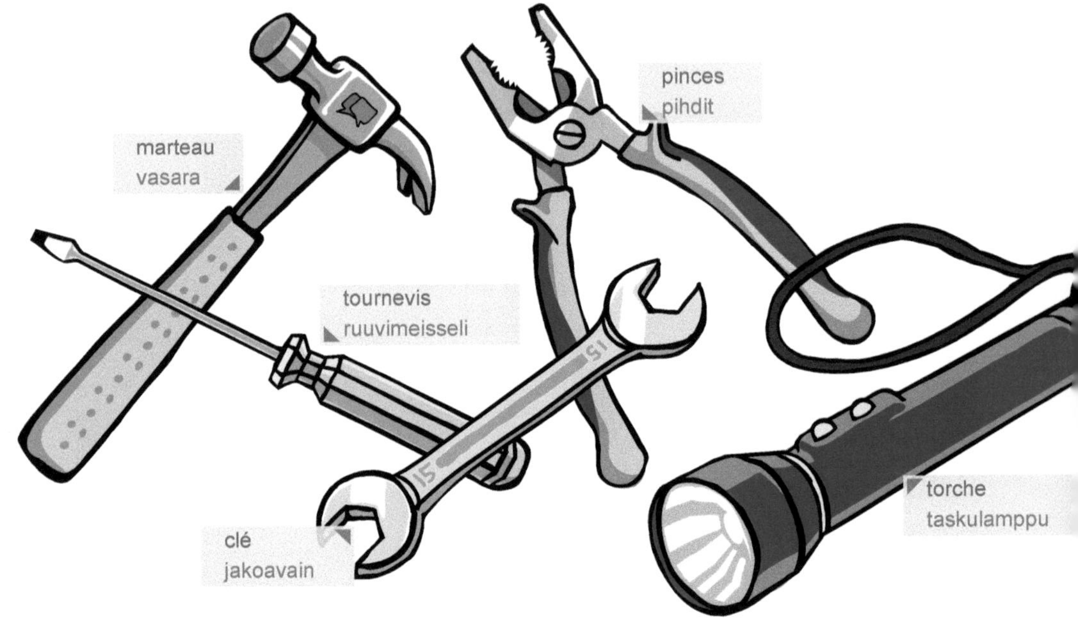

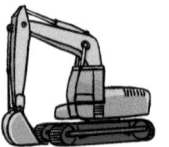

pelleteuse

kaivinkone

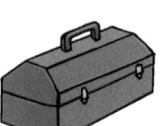

boîte à outils

työkalupakki

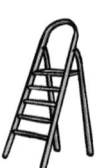

échelle

tikkaat

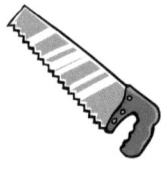

scie

saha

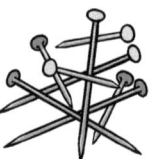

clous

naulat

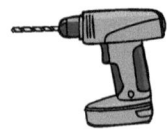

perceuse

pora

réparer

korjata

pelle

lapio

Mince !

Hitto!

pelle

rikkalapio

pot de peinture

maalipurkki

vis

ruuvit

instruments de musique
soittimet

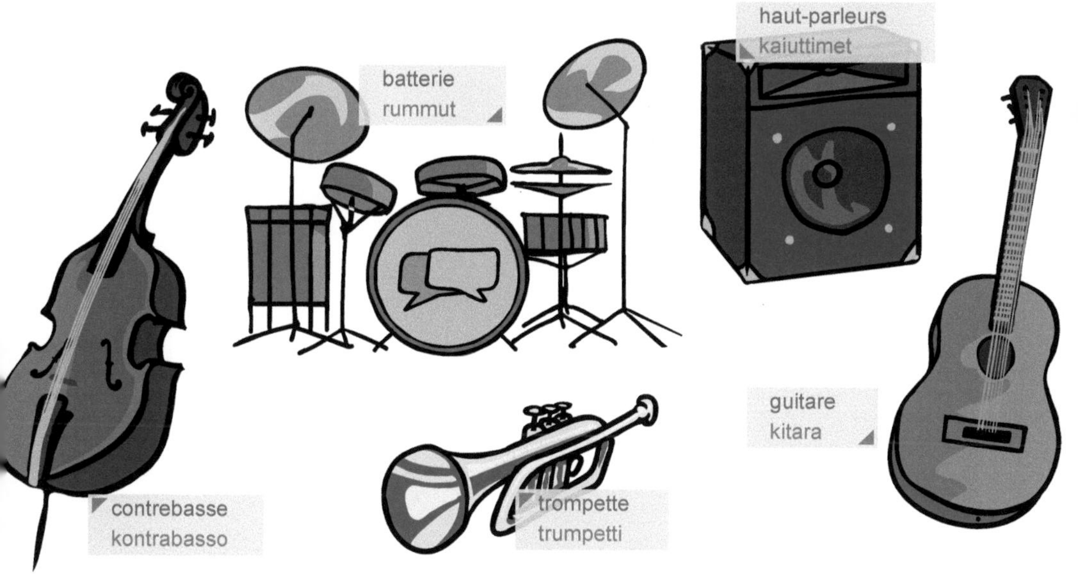

batterie
rummut

haut-parleurs
kaiuttimet

guitare
kitara

contrebasse
kontrabasso

trompette
trumpetti

piano

piano

violon

viulu

basse

basso

timbales

patarummut

tambour

rumpu

piano électrique

kosketinsoitin

saxophone

saksofoni

flûte

huilu

microphone

mikrofoni

tigre
tiikeri

entrée
sisäänkäynti

cage
häkki

zèbre
seepra

alimentation animale
eläinten ruoka

panda
panda

animaux

eläimet

éléphant

norsu

kangourou

kenguru

rhinocéros

sarvikuono

gorille

gorilla

ours

karhu

chameau

kameli

autruche

strutsi

lion

leijona

singe

apina

flamand rose

flamingo

perroquet

papukaija

ours polaire

jääkarhu

pingouin

pingviini

requin

hai

paon

riikinkukko

serpent

käärme

crocodile

krokotiili

gardien de zoo

eläintarhanhoitaja

phoque

hylje

jaguar

jaguaari

poney
poni

léopard
leopardi

hippopotame
virtahepo

girafe
kirahvi

aigle
kotka

sanglier
villisika

poisson
kala

tortue
kilpikonna

morse
mursu

renard
kettu

gazelle
gaselli

zoo - eläintarha

american Football
amerikkalainen jalkapallo

cyclisme
pyöräily

tennis
tennis

basket-ball
koripallo

natation
uinti

boxe
nyrkkeily

hockey sur glace
jääkiekko

football
jalkapallo

badminton
sulkapallo

athlétisme
yleisurheilu

handball
käsipallo

ski
hiihto

polo
poolo

activités

aktiviteetit

rire
nauraa
sauter
hypätä
embrasser
halata
marcher
kävellä
chanter
laulaa
rêver
unelmoida
prier
rukoilla
faire la bise
suudella

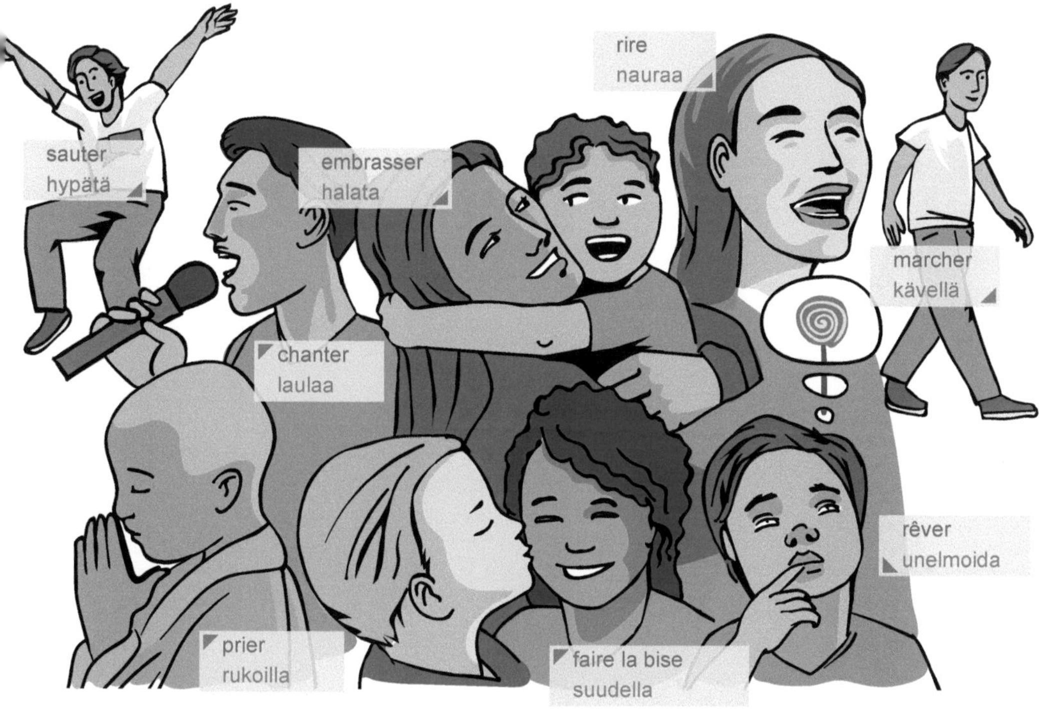

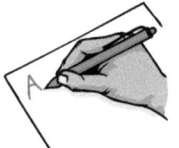

écrire

kirjoittaa

dessiner

piirtää

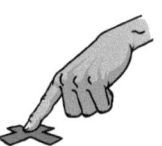

montrer

näyttää

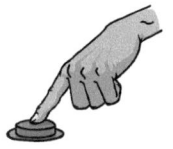

pousser

painaa

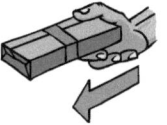

donner

antaa

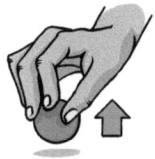

prendre

ottaa

avoir

omistaa

faire

tehdä

être

olla

être debout

seisoa

courir

juosta

trier

vetää

jeter

heittää

tomber

kaatua

être couché

maata

attendre

odottaa

porter

kantaa

être assis

istua

s'habiller

pukeutua

dormir

nukkua

se réveiller

herätä

regarder
katsoa

pleurer
itkeä

caresser
silittää

peigner
kammata

parler
puhua

comprendre
ymmärtää

demander
kysyä

écouter
kuunnella

boire
juoda

manger
syödä

ranger
siivota

aimer
rakastaa

cuire
keittää

conduire
ajaa

voler
lentää

faire de la voile

purjehtia

calculer

laskea

lire

lukea

apprendre

oppia

travailler

työskennellä

se marier

mennä naimisiin

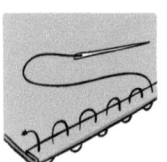

coudre

ommella

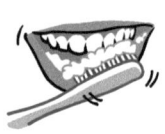

brosser les dents

pestä hampaat

tuer

tappaa

fumer

tupakoida

envoyer

lähettää

grand-mère
mummo

grand-père
ukki

père
isä

mère
äiti

bébé
vauva

fille
tytär

fils
poika

hôte
·····················
vieras

tante
·····················
täti

oncle
·····················
setä

frère
·····················
veli

sœur
·····················
sisko

corps

vartalo

front
otsa
œil
silmä
épaule
olkapää
doigt
sormet
visage
kasvot
menton
leuka
main
käsi
poitrine
rinta
jambe
jalka
bras
käsivarsi

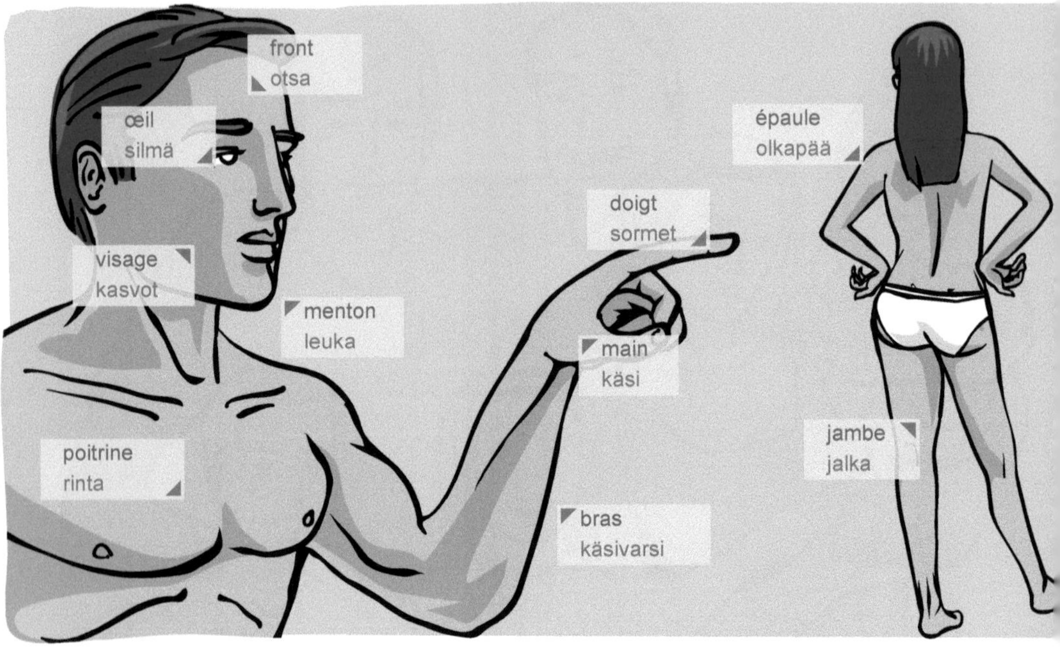

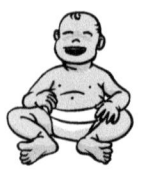

bébé

vauva

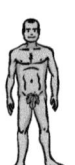

homme

mies

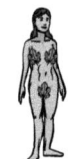

femme

nainen

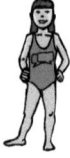

fille

tyttö

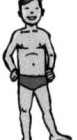

garçon

poika

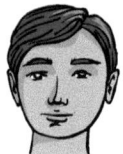

tête

pää

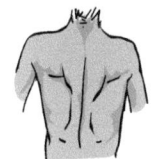

dos

selkä

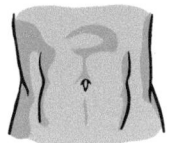

ventre

maha

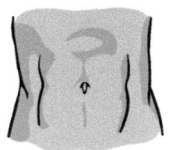

nombril

napa

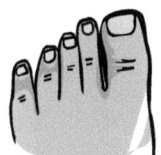

orteil

varvas

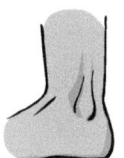

talon

kantapää

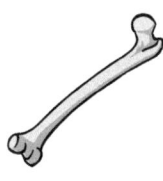

os

luu

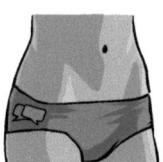

hanche

lantio

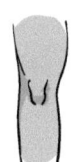

genou

polvi

coude

kyynärpää

nez

nenä

fesses

takapuoli

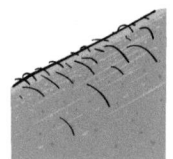

peau

iho

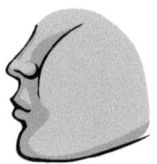

joue

poski

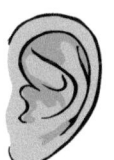

oreille

korva

lèvre

huuli

bouche

suu

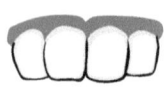

dent

hammas

langue

kieli

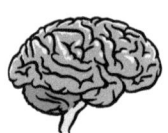

cerveau

aivot

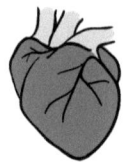

cœur

sydän

muscle

lihas

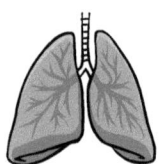

poumons

keuhkot

foie

maksa

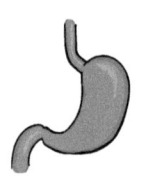

estomac

vatsa

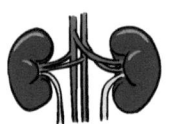

reins

munuaiset

rapport sexuel

seksi

préservatif

kondomi

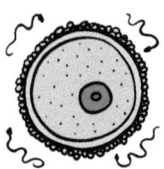

ovule

munasolu

sperme

sperma

grossesse

raskaus

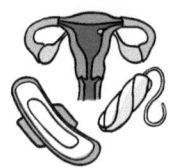

menstruation

kuukautiset

vagin

vagina

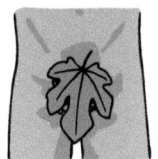

pénis

penis

sourcil

kulmakarvat

cheveux

hiukset

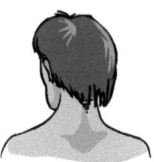

cou

niska

hôpital

sairaala

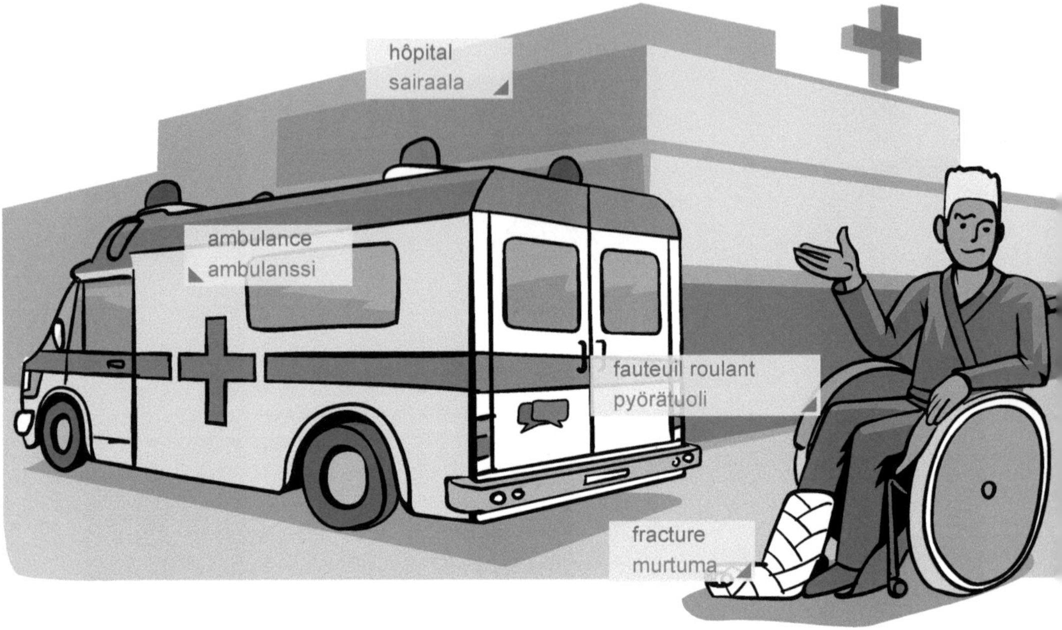

hôpital
sairaala
ambulance
ambulanssi
fauteuil roulant
pyörätuoli
fracture
murtuma

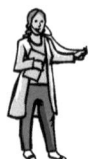

médecin

lääkäri

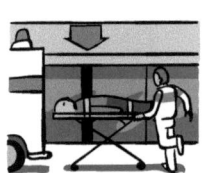

service des urgences

ensiapu

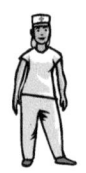

infirmière

sairaanhoitaja

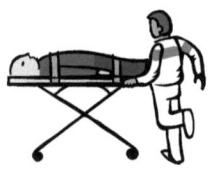

urgence

hätätilanne

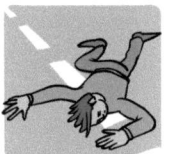

inconscient

tajuton

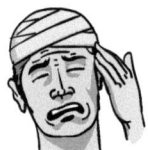

douleur

kipu

blessure

vamma

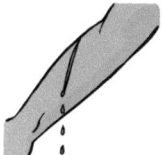

hémorragie

verenvuoto

crise cardiaque

sydänkohtaus

attaque cérébrale

aivoinfarkti

allergie

allergia

toux

yskä

fièvre

kuume

grippe

flunssa

diarrhée

ripuli

mal de tête

päänsärky

cancer

syöpä

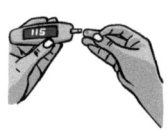

diabète

diabetes

chirurgien

kirurgi

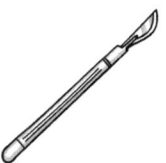

scalpel

veitsi

opération

leikkaus

CT
ct

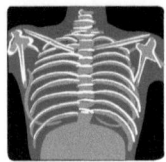

radiographie
röntgen

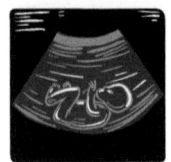

échographie
ultraääni

masque
maski

maladie
sairaus

salle d'attente
odotushuone

béquille
sauva

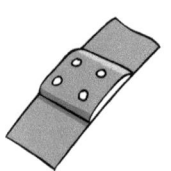

pansement
laastari

pansement
side

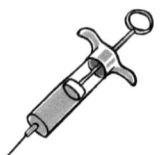

injection
pistos

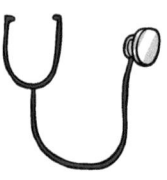

stéthoscope
stetoskooppi

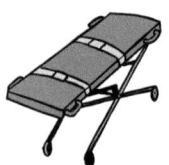

brancard
paarit

thermomètre
kuumemittari

accouchement
syntymä

surcharge pondérale
ylipaino

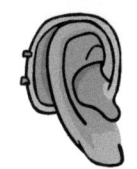

appareil auditif

kuulolaite

désinfectant

desinfiointiaine

infection

infektio

virus

virus

VIH / sida

HIV / AIDS

médicament

lääke

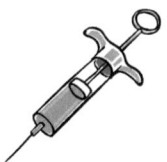

vaccination

rokotus

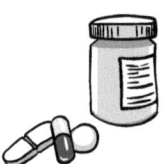

comprimés

tabletit

pilule

pilleri

appel d'urgence

hätäpuhelu

tensiomètre

verenpainemittari

malade / sain

sairas / terve

Au secours !

Apua!

alarme

hälytys

assaut

ryöstö

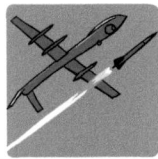

attaque

hyökkäys

danger

vaara

sortie de secours

hätäuloskäynti

Au feu!

Tulipalo!

extincteur

palosammutin

accident

onnettomuus

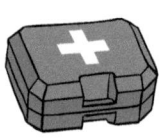

trousse de premier secours

ensiapulaukku

SOS

SOS

police

poliisilaitos

Europe

Eurooppa

Amérique du Nord

Pohjois-Amerikka

Amérique du Sud

Etelä-Amerikka

Afrique

Afrikka

Asie

Aasia

Australie

Australia

Océan atlantique

Atlantin valtameri

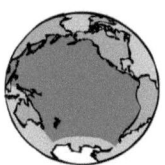

Océan pacifique

Tyynimeri

Océan indien

Intian valtameri

Océan antarctique

Eteläinen jäämeri

Océan arctique

Pohjoinen jäämeri

pôle nord

pohjoisnapa

pôle sud

etelänapa

Antarctique

Antarktis

terre

maa

pays

maa

mer

meri

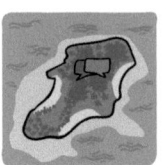

île

saari

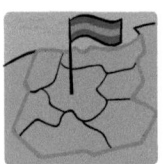

nation

kansa

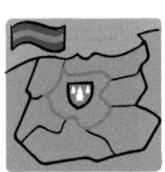

état

osavaltio

cadran

kellotaulu

aiguille des heures

tuntiviisari

aiguille des minutes

minuuttiviisari

aiguille des secondes

sekuntiviisari

Quelle heure est-il ?

Paljonko kello on?

jour

päivä

temps

aika

maintenant

nyt

montre digitale

digitaalikello

minute

minuutti

heure

tunti

semaine
viikko

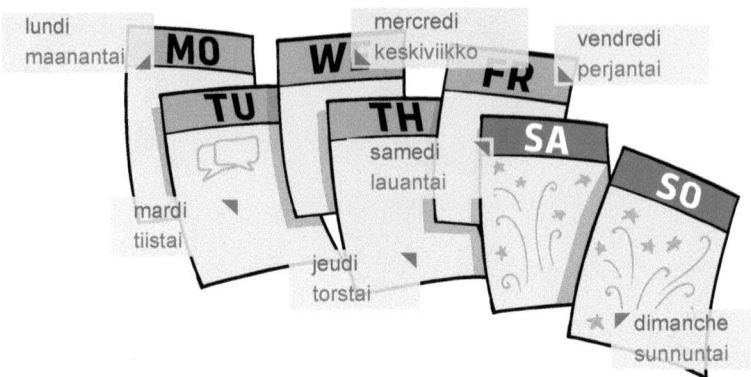

lundi
maanantai

mercredi
keskiviikko

vendredi
perjantai

mardi
tiistai

jeudi
torstai

samedi
lauantai

dimanche
sunnuntai

hier

eilen

aujourd'hui

tänään

demain

huomenna

matin

aamu

midi

keskipäivä

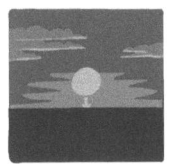

soir

ilta

MO	TU	WE	TH	FR	SA	SU
1	2	3	4	5	6	7
8	9	10	11	12	13	14
15	16	17	18	19	20	21
22	23	24	25	26	27	28
29	30	31	1	2	3	4

jours ouvrables

työpäivät

MO	TU	WE	TH	FR	SA	SU
1	2	3	4	5	6	7
8	9	10	11	12	13	14
15	16	17	18	19	20	21
22	23	24	25	26	27	28
29	30	31	1	2	3	4

week-end

viikonloppu

année

vuosi

pluie
sade
arc-en-ciel
sateenkaari
neige
lumi
vent
tuuli
printemps
kevät
automne
syksy
été
kesä
hiver
talvi

4.APRIL 11°
5.APRIL 4°
6.APRIL 13°
7.APRIL 8°
8.APRIL 10°

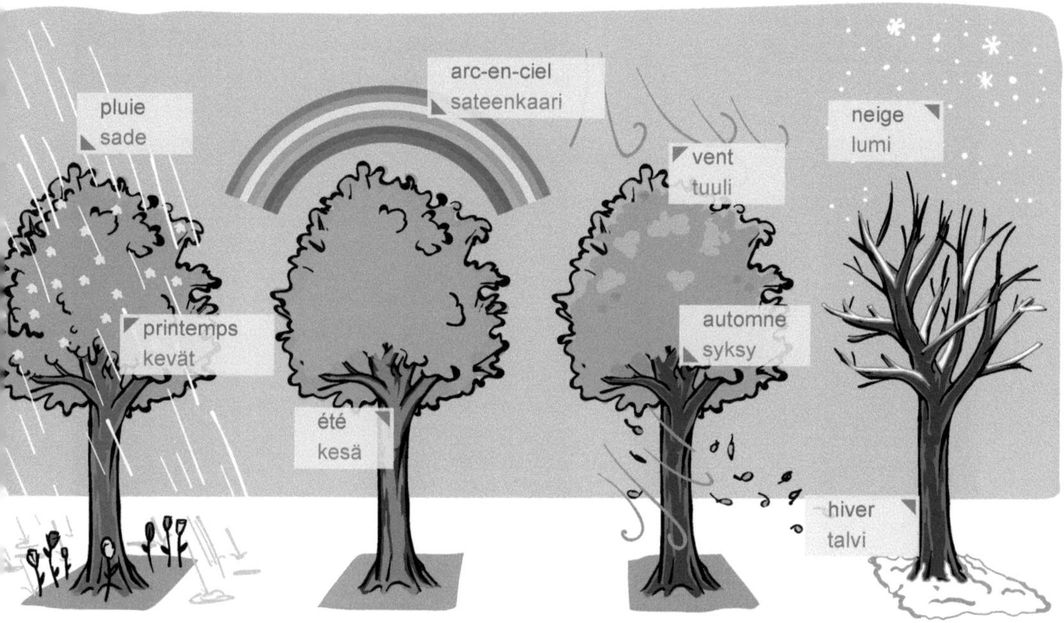

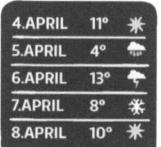

météo

sääennuste

F C
120 90 60 30 0 -30
40 30 20 10 0 -10 -20

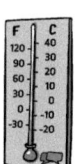

thermomètre

lämpömittari

lumière du soleil

auringonpaiste

nuage

pilvi

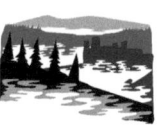

brouillard

sumu

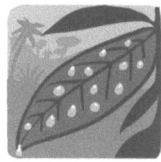

humidité

ilmankosteus

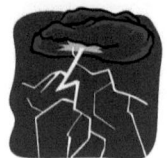

foudre

salama

tonnerre

ukkonen

tempête

myrsky

grêle

rae

mousson

monsuuni

inondation

tulva

glace

jää

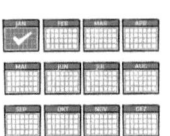

janvier

tammikuu

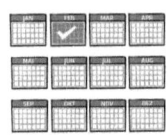

février

helmikuu

mars

maaliskuu

avril

huhtikuu

mai

toukokuu

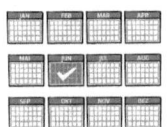

juin

kesäkuu

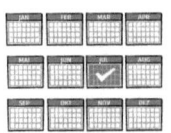

juillet

heinäkuu

août

elokuu

année - vuosi

septembre
syyskuu

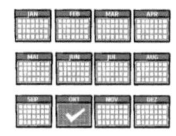

octobre
lokakuu

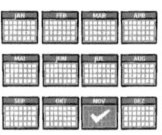

novembre
marraskuu

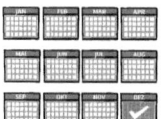

décembre
joulukuu

formes
muodot

cercle
ympyrä

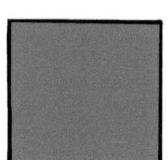

carré
neliö

rectangle
suorakulmio

triangle
kolmio

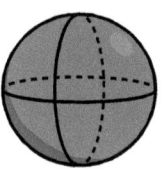

sphère
pallo

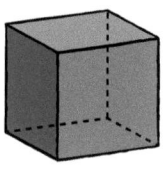

cube
kuutio

blanc

valkoinen

jaune

keltainen

orange

oranssi

rose

vaaleanpunainen

rouge

punainen

violet

violetti

bleu

sininen

vert

vihreä

marron

ruskea

gris

harmaa

noir

musta

beaucoup / peu

paljon / vähän

fâché / calme

vihainen / ystävällinen

joli / laid

kaunis / ruma

début / fin

alku / loppu

grand / petit

suuri / pieni

clair / obscure

vaalea / tumma

frère / soeur

veli / sisko

propre / sale

puhdas / likainen

complet / incomplet

täydellinen / epätäydellinen

jour / nuit

päivä / yö

mort / vivant

kuollut / elävä

large / étroit

leveä / kapea

comestible / incomestible

syötävä / syömäkelvoton

méchant / gentil

paha / kiltti

excité / ennuyé

innostunut / tylsistynyt

gros / mince

lihava / laiha

premier / dernier

ensimmäinen / viimeinen

ami / ennemi

ystävä / vihollinen

plein / vide

täysi / tyhjä

dur / souple

kova / pehmeä

lourd / léger

painava / kevyt

faim / soif

nälkä / jano

malade / sain

sairas / terve

illégal / légal

laiton / laillinen

intelligent / stupide

älykäs / tyhmä

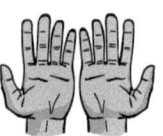

gauche / droite

vasen / oikea

proche / loin

lähellä / kaukana

nouveau / usé

uusi / käytetty

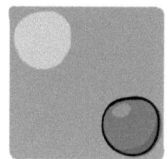

rien / quelque chose

ei mitään / jotain

vieux / jeune

vanha / nuori

marche / arrêt

päällä / pois päältä

ouvert / fermé

auki / kiinni

faible / fort

hiljainen / äänekäs

riche / pauvre

rikas / köyhä

correct / incorrect

oikein / väärin

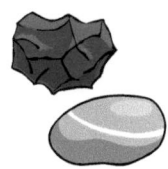

rugueux / lisse

karhea / sileä

triste / heureux

surullinen / iloinen

court / long

lyhyt / pitkä

lent / rapide

hidas / nopea

mouillé / sec

märkä / kuiva

chaud / froid

lämmin / viileä

guerre / paix

sota / rauha

0	**1**	**2**
zéro	un / une	deux
nolla	yksi	kaksi

3	**4**	**5**
trois	quatre	cinq
kolme	neljä	viisi

6	**7**	**8**
six	sept	huit
kuusi	seitsemän	kahdeksan

9	**10**	**11**
neuf	dix	onze
yhdeksän	kymmenen	yksitoista

12

douze

kaksitoista

13

treize

kolmetoista

14

quatorze

neljätoista

15

quinze

viisitoista

16

seize

kuusitoista

17

dix-sept

seitsemäntoista

18

dix-huit

kahdeksantoista

19

dix-neuf

yhdeksäntoista

20

vingt

kaksikymmentä

100

cent

sata

1.000

mille

tuhat

1.000.000

million

miljoona

anglais

englanti

anglais américain

amerikanenglanti

chinois mandarin

mandariinikiina

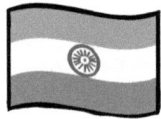

hindi

hindi

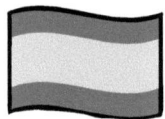

espagnol

espanja

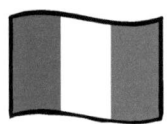

français

ranska

arabe

arabia

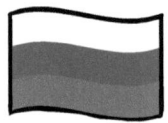

russe

venäjä

portugais

portugali

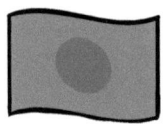

bengali

bengali

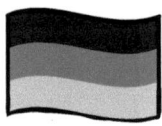

allemand

saksa

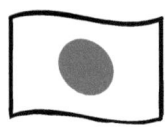

japonais

japani

je

minä

tu

sinä

il / elle / ce, c', cela

hän

nous

me

vous

te

ils / elles

he

Qui ?

kuka?

Quoi ?

mitä / mikä?

Comment ?

miten?

Où ?

missä?

Quand ?

milloin?

nom

nimi

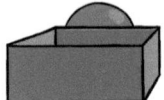

derrière

takana

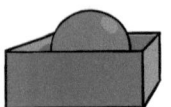

dans

sisällä

devant

edessä

au-dessus

yläpuolella

sur

päällä

en-dessous

alapuolella

à côté de

vieressä

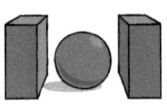

entre

välissä

lieu

paikka